UN VOYAGE

A

# L'ILE DE CORDOUAN

AU XVIe SIÈCLE

PAR

ÉTIENNE CLOUZOT

Extrait de la *Bibliothèque de l'École des chartes*,
Année 1905, t. LXVI.

NIORT
G. CLOUZOT, LIBRAIRE-ÉDITEUR
22, RUE VICTOR HUGO, 22
1905

# UN VOYAGE

A

# L'ILE DE CORDOUAN

## AU XVI^e SIÈCLE

PAR

ÉTIENNE CLOUZOT

Extrait de la *Bibliothèque de l'École des chartes*,

Année 1905, t. LXVI.

NIORT

G. CLOUZOT, LIBRAIRE-ÉDITEUR

22, RUE VICTOR HUGO, 22

1905

UN

# VOYAGE A L'ILE DE CORDOUAN

## AU XVIe SIÈCLE.

Les modifications subies au cours des siècles par les côtes maritimes, érosion des promontoires et des îles, comblement des anses, transformation des estuaires, ont de tout temps passionné les géographes. En France, notamment, l'attention du monde savant s'est portée, à maintes reprises, depuis le XVIe siècle jusqu'à nos jours, sur les variations du littoral occidental et sur les progrès ou les retraits de l'Atlantique, en particulier à l'embouchure de la Gironde. Le déplacement des passes qui commandent l'entrée de ce fleuve, la mobilité des dunes qui le bordent dans le Médoc et en Arvert, enfin l'énigmatique rocher de Cordouan, où l'on se plaît à reconnaître l'île d'Antros de Ptolémée, ont servi de point de départ à un assez grand nombre de travaux dont plusieurs ne sont pas sans valeur.

Aucune de ces études, pourtant, ne peut prétendre à des conclusions définitives. Toute question de méthode et de critique mise à part, leurs auteurs disposaient d'un trop petit nombre de textes pour conduire sûrement leurs déductions. Les quelques extraits de chroniques et de cartulaires tant de fois cités ne peuvent raisonnablement servir de trait d'union entre les brèves mentions d'Ausone et les cartes ou documents de l'époque moderne[1].

1. Voici un exemple de cette documentation superficielle empruntée à un ouvrage récent. M. A. Pawlowski, dans *les Villes disparues et la côte du pays de Médoc* (*Bull. de géographie historique et descriptive*, 1903, n° 2, p. 346, n. 1), écrit : « D'après un titre, on allait au XIe siècle à Cordouan en charrette (Mezuret, p. 243). » Or, si l'on se reporte à l'ouvrage cité, on voit que l'abbé Mezuret, dans *Notre-Dame de Soulac* (Lesparre, 1863, in-8°), dit, au pas-

On doit donc tenir pour prématurée toute dissertation, si judicieuse soit-elle, qui se contentera de raisonner sur des faits déjà connus sans en apporter de nouveaux. Seules de patientes recherches et des publications de textes pourront faire avancer la question.

Les notes que nous reproduisons ici n'éclaireront pas d'un jour bien nouveau le débat, mais elles nous feront connaître les impressions d'un curieux du XVI^e siècle qui, en 1592, traversa le Médoc et visita Cordouan.

Henri Lancelot Voisin, sieur de La Popelinière, capitaine au temps de la Ligue et historien de cette époque troublée, est bien connu comme annaliste et comme géographe. On est trop disposé cependant à oublier cette dernière qualité pour la première, et trop souvent on néglige la traduction qu'il a donnée de Mercator ou son livre des *Trois Mondes*, pour ne citer que l'*Histoire des Histoires*, ou *la Vraye et entiere histoire des troubles*. Et cependant, dans ce dernier ouvrage, ses descriptions des villes et des provinces qu'il avait traversées suffiraient à elles seules à établir sa réputation de géographe[1].

Il connaissait admirablement le Poitou, son pays d'origine, et les contrées avoisinantes. Nul n'a mieux que lui décrit Brouage et son chenal, Olonne et ses sables, la Rochelle et son port, exposé la situation de Marans, les « avenues » qui y conduisaient, les marais qui l'entouraient et en faisaient une forteresse de tout premier ordre. Son esprit curieux lui a fait rechercher les causes du progrès ou du retrait de la mer, des érosions, des modifications du littoral, et les explications qu'il en a données ne se trouveraient pas toujours en désaccord avec la critique moderne[2].

sage indiqué : « C'est peut-être vers cette époque [XI^e s.?] que l'on pouvait encore arriver à Cordouan en charrette depuis la terre ferme, suivant un titre qui existe entre mains sûres et que nous n'avons pas eu le bonheur de nous procurer. »

1. En 1589, la passion de la géographie avait entraîné La Popelinière vers le pôle austral ; le mal de mer l'arrêta prosaïquement à l'île Sainte-Hélène. Cf. Ch. de la Roncière, *Revue des questions historiques*, 1904, nouv. sér., t. XXXII, p. 157.

2. Par exemple, l'exhaussement des vases à la Rochelle : « En ce temps [février 1573], on vit plusieurs du camp traverser à pied et à cheval le destroit de la mer et cheminer sur les vases d'une pointe à l'autre, ce que les plus anciens de la Rochelle n'avoient veu ny ouy parler jusques à ce jour, dont il ne se faut emerveiller neantmoins pour ce que la mer, amenant tous jours par

Vers la fin de l'année 1591, cet observateur averti se trouvait à Bordeaux à la suite du duc d'Épernon, qui venait d'occuper Bourg et Saint-André de Cubzac. On parlait beaucoup dans la grande cité marchande du phare que construisait l'ingénieur Louis de Foix sur l'îlot de Cordouan pour guider les vaisseaux à l'entrée et à la sortie de la Gironde. Depuis sept ans que l'entreprise était commencée, d'énormes sommes d'argent avaient été dépensées et l'ingénieur en demandait toujours de nouvelles. Le parlement de Bordeaux, saisi de ses réclamations, l'avait renvoyé au roi, qui avait donné l'ordre de dresser un rapport.

Au moment de l'arrivée de La Popelinière, le maréchal de Matignon, gouverneur de Guyenne, s'occupait de choisir des commissaires pour se rendre sur les lieux et procéder à l'enquête. Comment le gentilhomme poitevin se trouva-t-il mêlé à cette délégation composée de gens de robe et d'officiers du corps de ville de Bordeaux? Il a négligé de nous le dire; mais ce n'était pas à coup sûr à titre officiel. L'attrait d'une excursion unique en compagnie de personnages de qualité suffit sans doute à le séduire, et c'est à titre de volontaire qu'il se joignit à la petite troupe. Sa présence, disons-le bien vite, ne fut pas d'un grand secours à l'enquête, car les visiteurs, devant les explications de Louis de Foix et surtout l'énormité de ses demandes d'argent, déclinèrent toute compétence et revinrent à Bordeaux représenter au maréchal la nécessité d'envoyer à leur place « un ingénieux et autres expers pour voir et juger »[1]. Mais La Popelinière rapporta de son voyage une double relation qui remplace avantageu-

succession de temps force vaze et autres villenies avec soy qu'elle laisse en retournant, est cause que peu à peu le havre croît et hausse de vases, sur lesquelles on peut aller à morte marée quand le courant est retiré et non en pleine lune et grande marée. » *Histoire de France*, [la Rochelle], 1581, in-fol., liv. XXXII, fol. 129. C'est la théorie actuelle des alluvions opposée à celle des oscillations.

1. La nomination des commissaires est du 13 décembre 1591, le procès-verbal dressé par eux du 6 avril 1592. La visite se place donc dans l'intervalle, sans doute en mars, quand les premiers beaux jours permettaient de faire une traversée sans danger. L'itinéraire suivi par la mission à l'aller et au retour est donné sommairement ci-dessous, p. 412 et 420. — Tous ces renseignements sont empruntés aux documents que nous publions et à un arrêt du Conseil en date du 10 septembre 1593, publié par M. Gustave Labat dans les *Archives historiques de la Gironde*, t. XXVIII, p. 193, et à part, *Documents sur la ville de Royan et la tour de Cordouan*, fasc. 3.

sement pour nous le rapport officiel de la mission, resté jusqu'ici introuvable.

La première de ces relations figure dans son *Journal autographe* (1588-1592). C'est le récit succinct et précis de la visite à Cordouan, rédigé, selon son procédé habituel, sous la forme impersonnelle. Si les termes laissent parfois place à l'interprétation, le fond en est généralement acceptable. Nous ne nous attarderons donc pas à le discuter.

La seconde relation, conservée comme la première à la Bibliothèque nationale, dans la collection Mézeray, et beaucoup plus développée, demande au contraire à être critiquée avec le plus grand soin. C'est une suite confuse de dissertations à peine rédigées et de notes brèves sur les ravages de la mer, Cordouan, la Gironde et ses deux rives, les villes et les particularités du pays de Médoc. Le corps du texte est écrit en belle cursive de la fin du XVI^e siècle par une main inconnue, peut-être celle d'un secrétaire. La Popelinière y a ajouté, de son écriture grêle et tremblée, si caractéristique, des rectifications, des manchettes et des compléments.

Bien qu'une partie seulement de ce document soit autographe, le doute n'est pas permis sur l'unité de la rédaction. Certains passages reproduisent presque textuellement le *Journal* lui-même ou font allusion à des faits précis qui y sont consignés. Il semble que La Popelinière ait voulu, en dehors du fait relaté un peu sèchement dans ses notes de voyage, réunir les matériaux d'un mémoire non seulement sur Cordouan, mais aussi sur la contrée environnante, l'embouchure de la Gironde, la Saintonge et le Médoc. Il y a consigné pêle-mêle les réflexions que lui avait suggérées la vue des localités, les renseignements qu'il avait recueillis de vive voix de côté et d'autre, complétant le tout à l'aide d'extraits d'ouvrages choisis.

La part d'observation dans la composition de ce *Mémoire* est difficile à dégager. Si l'on excepte les appréciations sur la position stratégique des places ou sur la configuration générale du pays, qu'on peut croire écrites *de visu*, le reste apparaît assez impersonnel. Mieux vaut donc passer en revue les points géographiques étudiés, en recherchant, chemin faisant, les sources d'information et en discutant la valeur du témoignage.

A Cordouan, La Popelinière a parcouru l'île et les chantiers, visité les ruines de la vieille tour, les constructions de la nouvelle, les abris édifiés pour protéger les ouvriers contre la mer aux grandes marées. Aidé des explications de Louis de Foix, il s'est rendu compte des matériaux employés et des procédés mis en usage. Ce qu'il n'a pu voir par lui-même, ce sont les fondations, mais il nous les décrit d'après les dires de l'ingénieur, dont nous ne pouvons suspecter la bonne foi; car, quel que soit l'intérêt qu'avait le maître de l'œuvre à faire valoir les difficultés des travaux pour justifier les indemnités considérables qu'il demandait, ses plaintes ne paraissent pas exagérées.

A en croire ses réclamations, ce qui lui avait causé le plus grave préjudice, c'était la guerre entre catholiques et protestants, le refus des habitants de Royan, en 1585, de continuer à le fournir de pierre de taille, leur incursion à Cordouan même pour détruire les travaux commencés et emporter une partie des matériaux, accusation qui peut paraître étrange, mais qui n'est pas inadmissible à une époque où les Saintongeois, tous marins sur cette côte, passaient continuellement d'une rive à l'autre, venaient pêcher sur les bancs de Talais, braconner ou couper du bois dans les forêts de Soulac et du Verdon, amenaient même leurs vaches paître sur les terres du seigneur de Lesparre[1].

La Popelinière, cependant, n'acceptait pas sans contrôle les allégations de l'ingénieur. C'est ainsi que nous les trouvons tous

1. « Le long de ladicte riviere de Gironde est la courtine de Soulac, lieu encien de pesche de ladicte jurisdiction..., mais a cause que les Xaintongeois, despuis ces derniers troubles, ce sont licenciés d'y venir tendre filletz, et, par ce moien, randu moindre ladicte afferme, il c'est passé plusieurs années qu'elle n'a esté affermée, a quoy l'on est apres pour attrapper lesdicts Xaintongeois et leur oster leurs filletz affin de leur faire paier les doumaiges passés pour n'avoir esté affermé... » — « De tant neantmoins qu'il faudroit tenir tousjours main forte et garde sur lesdicts lieux [de Talais] d'hommes armés d'arquebuses et nombre de batteaux, difficilement pourroit l'on empescher lesdicts Xaintongeois, qui y viennent pescher a si grand nombre et dont ils provisionnent presque tout Bourdeaux, de ladicte pesche... » — « Audict lieu et le pasturage de Cabens y avoit enciennement [garenne], comme il y a encores, mais, a cause de la dinstance dudict lieu, comme dict est, l'on ne peut y surprendre grand nombre de Xaintongeois qui y viennent chasser avec furetz, emportent les plains sacz de connilz... » — « Lesdicts Xaintongeois estrangers... ont degradé et desgarny de bois ledit lieu [de Cabens], qui avoit esté autres fois, comme l'on dict, une belle fourestz. » — « Auquel lieu [de Graian] les Xaintongeois y menent leur bestail comme la meilleur herbe et dont ils paient vingt solz pour chesque chef. » État de la sirie de Lesparre, Bibl. nat., ms. fr. 5516, fol. 17, 18 et 19. Voir ci-dessous, p. 407, n. 2.

deux en désaccord au sujet de la vieille tour de Cordouan, celle que les érudits de notre temps appellent tour du Prince Noir pour la distinguer de la nouvelle. De Foix prétendait, contre la tradition, que cette tour n'avait pas été construite en vue de porter un fanal. Il y voyait « un simple édifice pour la demeure de quelque gentilhomme » du temps que l'île était « cultivée, bastie et peuplée ». Il invoquait à l'appui de son dire la « forme impropre » et la construction rudimentaire du monument, sa position sur la pointe de l'île regardant la terre ferme et l'affirmation des vieillards du pays qui n'y avaient jamais vu phare ou lumière que depuis une cinquantaine d'années[1]. La Popelinière ne se laissa pas convaincre par tant de logique et se rangea du parti « vulgaire, qui ne juge que par les yeux du corps ». « Puisque la mer et la rivière, dit-il, se sont cordez et debatuz de tous temps aussi dangereusement qu'aujourd'uy, pourquoi celle ou autre tour y eust elle esté dressée? »

Le bon sens du gentilhomme avait raison contre la science de l'ingénieur. Les documents récemment mis à jour établissent qu'au XV^e siècle brillait à Cordouan un feu permanent entretenu par des gardiens. Si en 1592 les vieillards ne se souvenaient pas d'avoir vu de leurs propres yeux le phare allumé, c'est que, soit par négligence, soit par toute autre cause, on avait cessé de l'alimenter dès le début du XVI^e siècle[2].

1. A vrai dire, Louis de Foix n'est pas nommé dans ce passage du *Mémoire* (p. 416), mais c'est certainement lui qui est en cause. Il suffit, pour s'en convaincre, de se reporter au texte du *Journal* (p. 414).

2. M. Gustave Labat, *loc. cit.*, p. 172-173, a publié des quittances de paiement aux hermites et aux gardiens de la tour de Cordouan. Il est intéressant de constater la transformation des formules employées dans ces quittances :

1481, 5 mars : « ... la somme *que le roy a donné* ausdits hermites, tant pour leur vie, vesture et substentation que pour entretenir la lumiere qui est en la tour dudit Cordan... »

1489, 5 janvier : « ... la somme de ... pour raison du droit *que icelluy hermite a d'ancienneté acoustumé avoir et prandre...* pour entretenir une lenterne ou fallot servye de feu sur la tour dudit Cordan... »

1509, 3 septembre : « ... la somme ... *que j'é droit de prendre*, ainsi que mes predecesseurs, sur chacun navire chargeant au port et havre de Bordeaux... »

Il est toujours dangereux de se servir de formules pour appuyer un raisonnement, mais on conviendra qu'ici l'occasion est tentante. Il semble bien qu'en l'espace d'une vingtaine d'années les sommes payées au gardien de la tour aient changé du tout au tout de caractère, que ce qui n'était qu'un don du roi, une

De sa visite au phare, La Popelinière n'a retenu que ce qui pouvait frapper un touriste : le rapport officiel dressé par ses compagnons de voyage devait certainement donner sur les travaux des détails beaucoup plus précis. Mais sa relation contient sur la situation de l'île, ses parages, les passes qu'elle commandait des renseignements auxquels les délégués du maréchal de Matignon n'ont, sans doute, pu s'attarder. Son enquête à Cordouan a donc une valeur toute personnelle. Elle ne ferait pas double emploi, croyons-nous, avec le rapport des commissaires bordelais si celui-ci venait un jour à se retrouver[1].

Il n'en est pas de même de sa description du Médoc, qui se trouve presque annulée par un document contemporain de grande importance, *l'État de la sirie de Lesparre*[2], dressé

aumône en quelque sorte, est devenu un salaire, mieux un tribut exigible par le bénéficiaire. On remarquera surtout qu'il n'est nullement question, dans la dernière quittance, d'entretenir une lumière, ce qui donne raison aux anciens interrogés par Louis de Foix.

1. Voici la brève analyse que donne de ce rapport l'arrêt du Conseil du 10 septembre 1593, déjà cité : « Proces verbal desdicts commissaires auquel est inséré le rapport constatant, tant le toysé et estimation d'ouvraiges ja faict, en la construction de ladicte tour de Courdoan, diffenses et talus d'ycelle, que aussy le toysé et l'estimation de ce qui reste à faire pour l'entier parachesvement dudict œuvre, ensemble de la platte forme necessaire pour la conservation de ladicte tour... » Publ. *loc. cit.*, p. 193.

2. Cet important document, dont la publication intégrale est vivement à souhaiter, a été décrit assez longuement dans le Catalogue des manuscrits de la Bibliothèque nationale. M. Pawlowski, en l'utilisant dans son étude sur *les Villes disparues et la côte du pays de Médoc* (*Bull. de géographie historique et descriptive*, 1903, n° 2), a montré qu'il n'y avait qu'à l'ouvrir au hasard pour y trouver une foule de renseignements intéressants sur la géographie, l'histoire économique et le folk-lore.

La date de sa rédaction se place au mois de mars 1592 exactement, entre le 8 et le 26, jour de la fête de Pâques (fol. 12 v°, 19, 44). Le manuscrit est de deux mains, le corps du texte en cursive, les manchettes et les additions en italienne. Les auteurs ne se sont pas nommés, mais il faut les chercher certainement parmi les signataires de deux lettres adressées en juillet 1590 au duc de Nevers (Bibl. nat., ms. fr. 3617, fol. 3 et 5). Voici leurs noms par ordre d'importance : Ymbert, bailli; Aymeric; Batailher; Domineau, receveur; Labat, capitaine; Trouchard, prévôt. Nous verrions volontiers dans le bailli Imbert l'auteur des additions et des corrections, non seulement en raison de son rang plus élevé, mais encore à cause de l'analogie de sa signature avec l'écriture du manuscrit. D'ailleurs, son nom revient plusieurs fois au cours du mémoire (fol. 13 v°, 25), entre autres au fol. 107, où il figure à côté de celui de Batailher.

Quoi qu'il en soit, cet auteur anonyme, qui lisait Élie Vinet, qui conversait

par les officiers de cette seigneurie à la demande de leur maître, le duc de Nevers, qui désirait connaître exactement la situation, les revenus et les charges de sa terre avant de répondre à des offres d'achat qui lui étaient faites. Le hasard voulut que La Popelinière traversât Lesparre au printemps de l'année 1592, au moment où s'achevait ce long travail[1]. La qualité et la notoriété de ses compagnons lui ouvrit sans doute toutes grandes les portes du château. La petite troupe, qui comptait un président de parlement et un trésorier de France, ne put manquer de trouver le meilleur accueil auprès des officiers de la seigneurie, qui, par leurs fonctions, toujours en procès, devaient être trop heureux de rendre service à des gens de robe d'aussi haute dignité.

On s'explique dès lors le long paragraphe consacré par La Popelinière à Lesparre et les détails très précis qu'il donne sur les revenus et l'histoire de cette seigneurie. L'avisé gentilhomme a certainement conféré avec les auteurs de l'*État*, le bailli Imbert, Aymeric, Batailher (la similitude des deux rédactions ne laisse aucun doute à cet égard); il a noté avec empressement tout ce qui lui a paru offrir quelque intérêt sur Soulac, Lesparre et le pays environnant, non sans commettre quelques bévues, comme de placer l'étang de Cartignac ou d'Hourtin entre Lesparre et la Gironde et de situer Cordouan à trois lieues de la côte, tandis que les officiers du duc de Nevers, mieux informés, donnent un chiffre moins élevé de moitié[2].

La rédaction de La Popelinière, en perdant son originalité, se trouve donc singulièrement diminuée de mérite; mais le grand intérêt du *Mémoire* tout entier, comme aussi du *Journal auto-*

à l'occasion avec Louis de Foix (voir ci-dessous, p. 420, n. 4), était un homme intelligent, instruit, et ses remarques ingénieuses donnent à son mémoire une note personnelle sans rien lui enlever de sa haute valeur documentaire.

1. Est-ce bien le hasard? N'oublions pas que La Popelinière était venu à Bordeaux à la suite du duc d'Épernon et que c'est justement ce seigneur qui avait fait des offres d'achat au duc de Nevers.

2. Nous pourrions, à la fin du *Mémoire*, relever des vues plus originales. Hors du Médoc et de la seigneurie de Lesparre, les remarques de La Popelinière deviennent plus personnelles. Elles témoignent de l'importance que l'homme de guerre attachait à la position stratégique des places fortes, Castillon « bon à coup de main », Blaye « mal aisé à escaler ». Elles font ressortir en même temps l'inlassable curiosité du géographe pour les phénomènes naturels, mascarets ou « tournemants de navires », qui accompagnent la montée et la descente de la marée dans la Gironde.

*graphe,* c'est la théorie émise par leur auteur sur les modifications des côtes et les faits nouveaux qu'il apporte pour la connaissance de la structure du sol à Cordouan et dans les passes.

Son point de départ, c'est « l'inconstance et la variété des effets » de la mer. Entre deux périodes d'activité marine, il admet la possibilité d'un temps d'arrêt, « quelques centaines d'ans » pendant lesquelles le flot « demeure en ses bornes[1] ». Il reprend ainsi sa thèse favorite sur les caprices de l'élément mobile qui vient « peu à peu à se perdre en Poitou, Santonge et tels autres cartiers de Guyenne », gagnant « autant ailleurs comme en quelques pays septentrionaux ». Pourtant ici il se borne à constater un fait sans chercher à l'expliquer, sans invoquer, comme pour la baie de l'Aiguillon, l'influence des constellations[2].

Il ne conteste pas cependant une certaine régularité à la progression de la mer lorsqu'elle est une fois entrée dans une phase active ; c'est « peu à peu » qu'elle se retire en Poitou, à l'embouchure de la Sèvre, « peu à peu » aussi qu'elle gagne en pays de Médoc et ronge l'île de Cordouan jusqu'au pied de la tour. Sa conception, qui n'admet pas d'à-coups, ni exhaussement des eaux, ni affaissement des terres, se rapproche de la théorie moderne qui explique les modifications du littoral uniquement par l'action mécanique de la vague, sans faire intervenir d'oscillations du sol.

Malheureusement, La Popelinière ne nous a pas laissé, à l'appui de son système, une description minutieuse des lieux, un repérage sérieux des distances, permettant de juger des progrès de l'Océan. Ses notes, loin de présenter la précision désirable, restent ambiguës et souvent contradictoires. Même rectifiées et complétées par des documents d'archives, elles ne donnent qu'une idée très imparfaite de la situation, à la fin du XVIe siècle, de ce coin de terre tourmenté.

Suivant le *Journal autographe*, l'île de Cordouan avait trois

1. Inutile d'insister sur les erreurs d'évaluation commises par La Popelinière. Rien ne permet de supposer que le Médoc se soit jamais avancé de six lieues plus avant dans la mer. Quant à la date approximative donnée à la séparation de Cordouan du continent à la fin du XIIIe siècle, — « trois cens ans d'icy », — elle est démentie par des textes bien antérieurs. Cf. Camille Jullian, *Annales de la Faculté des lettres de Bordeaux, Revue des études anciennes*, 1900, p. 258.

2. *La Vraye et entiere histoire des troubles*... La Rochelle, 1573, in-8°, livr. V, fol. 150.

lieues de tour. Ce chiffre, qui paraît fort exagéré, est rectifié dans le *Mémoire*, qui réduit l'évaluation à deux lieues d'étendue. C'est encore beaucoup trop. Actuellement, le circuit du rocher, qui représente le squelette de l'ancien îlot et ne découvre qu'à marée basse, compte cinq kilomètres à peine. Il est impossible qu'en l'espace de trois siècles la mer ait pu gagner autant de terrain.

Meilleurs sont les renseignements fournis sur la structure du sol : « L'isle a 6 pieds de parfond jusques au bon roc, y comprenant 2 de pierre crouste et 4 de argile et terre limoneuse, puis bon roc dans lequel la tour a fondement de 2 piedz. » C'est de cette « crouste » sans doute que Louis de Foix extrayait cette « pierre de l'ille, noire et rouge, galeuze », d'un moins bel aspect que la pierre de Royan, mais plus résistante, qui fut employée à défaut de cette dernière dans la construction de la tour.

L'île ainsi constituée était basse au-dessus de l'eau. A peu de distance on la perdait complètement de vue malgré son étendue, la tour seule restait visible. Aux marées communes, elle ne subissait que peu d'atteintes, mais aux grandes marées et aux jours de tempête la mer la submergeait complètement. Le flot arrivait avec assez de force pour saper la base de l'ancienne tour et provoquer des éboulements. Pour protéger les ouvriers qui travaillaient au nouveau phare[1], Louis de Foix avait dû faire élever des défenses contre la mer, mais, bien qu'elles fussent « en grosses pierres de taille entreliees de bois », elles souffraient beaucoup des attaques de la vague et retenaient continuellement des manœuvres à les réparer[2].

1. Louis de Foix avait réussi à fonder sur l'île une véritable petite cité ouvrière. En dehors des chantiers proprement dits, du four à chaux et des ateliers, menuiserie, charpenterie, charronnage, forge, on avait aménagé des logements pour l'ingénieur et pour son personnel, qui s'élevait, suivant les temps, jusqu'à trente et cinquante ouvriers. Pour nourrir tout ce monde, les barques ne pouvant pas toujours approcher à cause du gros temps, il avait fallu d'amples provisions, des magasins pour les abriter, un chai pour le vin, un moulin pour le blé, un four pour cuire le pain. Enfin, les six ou sept chevaux qui charriaient les matériaux du rivage où les déposaient les chalands jusqu'à pied d'œuvre avaient nécessité des écuries et une grange pour leur fourrage. Cf. G. Labat, *Documents sur la ville de Royan et la tour de Cordouan*, fasc. 3.

2. Une fois le phare achevé, ces défenses n'étant plus entretenues, la mer fut rapidement la maîtresse. Son œuvre destructive eut raison des six pieds de limon et pierre croûte; elle ne s'arrêta qu'au roc, laissant à peine deux pieds de fondation au phare.

De chaque côté de l'île s'ouvraient deux passes[1] : au nord, le pas des Anes, au sud, le pas de Grave. Le banc des Anes, qui servait à désigner la première, tirait son nom soit de la forme des quatre ou cinq longues sablonnières qui le composaient, soit du grondement du flot qui s'y brisait. Très dangereux, les Anes étaient, suivant les uns, un dernier débris de l'ancien continent[2], suivant d'autres, de simples amoncellements de sables formés par les dépôts de la Gironde et « petrifiez par la pluie, y survenant le vent nord nordest et la chaleur[3] ». Tout autour, des bas-fonds se formaient et disparaissaient au gré des courants, ajoutant au péril de la navigation.

Au sud, entre Cordouan et le rivage de Soulac, s'ouvrait la seconde passe, dite pas de Grave, accessible aux navires de trois et quatre cents tonneaux. A en croire notre auteur, sa découverte était récente et ne remontait pas à plus d'une vingtaine d'années en arrière. Nous savons qu'il n'en est rien, puisqu'elle figure déjà en 1544 dans la *Cosmographie* de Jean Fonteneau, dit Alphonse de Saintonge[4].

Dans cette passe, une croyance, qui, paraît-il, n'est pas encore éteinte, voulait qu'une ville ait été engloutie par la mer. Les pêcheurs du XVIe siècle en voyaient distinctement les ruines à marée basse, et leurs descendants du XXe siècle prétendent toujours les apercevoir[5]. La Popelinière n'a pas manqué d'enregistrer au passage cette tradition, bien faite pour frapper l'imagination, et il y a ajouté certaines particularités restées ignorées jusqu'ici. Ce sont d'abord les noms de Latran et de Médine donnés concur-

1. Il y en avait une troisième, le pas de la Coubre, mais La Popelinière n'en parle pas.

2. Cette opinion a encore ses adhérents. Cf. A. Pawlowski, *les Villes disparues et la côte du pays de Médoc* (*Bull. de géographie historique et descriptive,* 1903, n° 2, p. 333).

3. La Popelinière a reproduit quelques-unes de ces assertions dans sa traduction de l'*Atlas minor* de Gérard Mercator (Amsterdam, 1630, in-4°, p. 195). C'est, à notre connaissance, le seul passage de ses œuvres où l'on trouve trace des souvenirs de son voyage. Avant 1591, il ignorait tout de Cordouan, comme en témoigne son traité de l'*Amiral de France* (Paris, 1584, in-8°), où, dans l'énumération des phares, Cordouan, appelé Corban, est tout juste mentionné (fol. 37).

4. Édit. G. Musset, Paris, 1904, in-8°, p. 149.

5. Cf. A. Pawlowski, *op. cit.*, p. 241, n. 3.

remment à la cité disparue. C'est surtout le fait que certaines maisons de Soulac ont été bâties avec des matériaux empruntés à ces ruines à une époque où elles étaient encore accessibles. Cette dernière assertion aurait la plus grande importance si l'archéologie pouvait la contrôler; mais il est bien probable, en admettant que le fait soit vrai, que les pierres utilisées ont perdu depuis longtemps tout vestige de leur séjour dans l'Océan.

On le voit, la double relation de La Popelinière, dont nous n'avons mis en lumière que quelques côtés, devra être utilisée avec la plus grande prudence; les erreurs que nous y avons relevées en montrent assez la nécessité. Si on considère les circonstances toutes favorables qui ont accompagné l'annaliste poitevin dans son voyage, la perspicacité et le savoir dont maintes fois il a fait preuve, et, avec tout cela, le résultat médiocre auquel il est parvenu, on se demande quelle confiance il faut accorder aux géographes et cartographes de cabinet, si nombreux au XVIe siècle, qui n'ont jamais vu la plupart des pays dont ils font la description. C'est donc aux documents d'archives précis, exacts, indiscutables qu'il faut recourir de préférence, surtout pour des questions aussi délicates que celles qui touchent à l'histoire des modifications du sol.

## I.

[1591, novembre; 1592, 6 avril.]

*Extrait du journal autographe de Henri Lancelot Voisin, sieur de La Popelinière (1588-1592) : une visite à Cordouan.*

(Bibl. nat., ms. fr. 20782, fol. 585.)

Sur le novembre [1591], il [le sieur d'Espernon] descendit avec ses troupes a Bourg, qu'il avoit pris sur la Ligue, puis le bourg et temple S. André sur ceux que le mareschal y avoit laissé qu'il disoit de la Ligue sous couleur qu'ils empeschoient qu'on ne levast les contributions de Bourg, mais c'estoit pour s'entrevoir S. Luc et Lussan, comme ils firent et s'entrecaresserent fort; les autres dirent que c'estoit pour escorter sa femme, qui venoit a Castelnau de Medoc, ou elle ne fut jamais, pour voir son vieil oncle, par 3 jours. Luy fut un jour devant et n'y demeura que 3 heures a disner pendant que le president Nemon, La Riviere, conseiler, Beneste, tresorier, Du Saut, avocat du roy, Pomier, sieur de Francon, jurat[1], et Popelliniere avec eux, comis par le roy, qui en avoit doné la charge au mareschal, alloient voir l'edification de la tour de Cordouan, ce qu'elle avoit cousté, combien le reste, et ce qu'il y faloit faire avec [Louis] de Foix, l'ingenieux, qui l'avoit fondé de pierre de Royan de 2 pieds de long, 4 de haut et 4 de large, dans le roc de mer huit pieds, sçavoir : 2 sur le premier roc, 4 dans la vase et terrein suivant et 2 dans le second roc, puis doné de retraits en taluant jusques au cordon huit pieds de mesme pierre et 2 pieds le cordon, puis le corps et massif du premier estage de la tour fait de pierre de l'ille noire et rouge, galeuze, mais plus durable que l'autre, qu'on ne peuvoit avoir pour les guerres survenues 1585, Candelle faisant la guerre pour les huguenots aux catholiques, le corps de la tour de 28 pieds haut, de 28 de diametre et de 66 de circonference. Pour fonder falut faire une plate forme sur 3 rancs de pilotis de gros chaisnes plantez et poussez avec le belier dans l'eau et le roc, bien serrez affin que l'eau ne gangnast, et 3 rancs de pieux a 6 ou 8 pieds l'un de l'autre, le premier de 5 pieds haut, le 2 de 10, le 3 plus perché de la sorte de 15, bien liés l'un a l'autre par grosses traverses et rempli l'entre deux de grandes et grosses pierres fournies de menues et puis le tout couvert de grandes pierres de taille cimentees en talus montant vers

*Tour de Cordoan.*

1. 1595, 15 septembre : « Et ayant veu tout ce qui est construit au dedans et au dessus du rocher et monté au plus hault de l'eslevation de l'edifice, qui vient au premier estage, nous aurions enjoint audicts [Louis] Baradieu, [maistre des reparations pour Sa Majesté en Guyenne], et [Pierre] Ardouin, [maistre juré pour les fabriques de la ville de Bourdeaux], de nous rapporter ce qu'ils croient avoir esté construit despuis la derniere visite de ladite tour, ou ils avoient assisté, lorsqu'elle fust faicte par monsieur de Raymond, conseiller du roy en son conseil privé et president au parlement de Bourdeaux, et par messieurs de Geneste, tresorier de France en la generallité de Guyenne, du Sault, advocat du roy en ladicte Cour, et de Francon, jurat de ladicte ville, commissaires deputtés a faire ladicte visite; a quoy lesdits Baradier et Ardouin nous auroient respondu que, depuis ce temps la, dont il peut y avoir quatre ans, il n'avoit esté posé une seule pierre a ladicte tour encommencée... » *Visite des travaux de la tour de Cordouan par Pierre de Brach et Gratien d'Olive*, publ. par M. G. Labat; *Archives historiques du département de la Gironde*, t. XXVIII (1893), p. 210, et à part, *Documents sur la ville de Royan et la tour de Cordouan*, fasc. 3.

la tour, et au bout de ces 3 bardeaux une autre plate forme de toutes pierres seches plus haut ellevée que celle du pié de la tour pour soubstenir les engins qui ellevoient les pierres venans de la mer pour les mettre sur l'œuvre, et aussi toujours boucher le conduit de l'eau de mer qu'elle n'empechast les ouvriers, pour lesquels loger et acomoder falut enfin, la mer couvrant tout aux grandes et furieuses doubles marees de noroest et siroest, faire un autre talus entrelassé et soustenu de long bois de 18 en 18 pieds, long de vint, tout autour leur demeure[1], en laquelle ils y comprindrent la vieile tour reparee par de Foix pour ce que la mer en avoit ja abatu la moitié par le fondemant non assez avant au roc, joint que le corps n'estoit que de ribots, et large de 2 pieds, paroissant n'avoir esté faite pour fanal, mais acomodee d'un œuvre particulier a cela aprez que la mer eut gangné sur Medoc, dit de Foix, mais puisque la mer et la riviere se sont cordez et debatuz de tous tems aussi dangereusement qu'aujourduy, pourquoy celle ou autre tour n'y eust elle esté dressée?

Le fondemans et premier estage, avec les defences, tant de la tour que du circuit, non de l'ille, qui a 3 lieues de circonference, a cousté 39 mil escus et en demande autant pour achever et 60 ou 80 mil pour ses despens, dommages et interets soufert par la survenue des guerres; or que le roy n'aie promis par ce contract que le reconoitre des pertes qu'il y pourroit soufrir, si que le president et mareschal, sur si grosse demande, et le petit fons du roy, furent d'avis de ne doner avis au roy de ce qu'il y faloit, ains lui envoier seulement representer l'estat et qu'il y avisast et envoyast un ingenieux et autres expers pour voir et juger[2].

1. 1595, 15 septembre : « Et que despuis ce temps [1591] on n'avoit travaillé qu'a la reparation du logis des ouvriers et a reffaire les rempards et deffences, qui, bien qu'elles soient de grandes pierres de taille entreliees de boys, et que toutefois l'impetuosité et grands coupz des vagues de la mer les ruinoit a tout coup. » *Ibid.*, p. 210.

2. Les commissaires, dans le rapport non retrouvé du 6 avril 1592, concluaient à 15,000 écus « pour tout le passé, tant de l'œuvre ja faict que pour toutes les pertes, desgatz, dommaiges, interetz et fraiz » et 25,000 écus pour ce qui restait à faire. Arrêt du Conseil du 10 septembre 1593, publ. *loc. cit.*, p. 191.

## II.

## [1592-1608.]

*Mémoire corrigé et annoté par Henri Lancelot Voisin, sieur de La Popelinière, sur Cordouan, le Médoc et la Gironde*[1].

(Bibl. nat., ms. fr. 20793, fol. 82.)

Au temps des premiers empereurs romains, la mer ne s'avanceoit sur le terroer bourdelois de six lieues si prez qu'aujourduy, comme les vieiles geografies et autres escris nous montrent. Mais, sous le declin de l'estat romain, la mer, toujours inconstante, s'eslançant vers ces cartiers, couvrit peu a peu plus de trois lieues de terre ferme, dont elle fit perdre les bastimans, cultures et autres marques ancienes pour prendre une seconde face, laquelle nous devons imaginer ez escris d'Ausone, Prosper, Salvian, Sidoine et autres qui ont escrit de leurs temps, et avoir continué jusques a trois cens ans d'icy ou environ que cet element, non moins admirable pour l'inconstance et varieté de ses effets que pour la force de ses mouvemans, avoir quelques centaines d'ans demeuré en ses bornes, voulut gangner païs du vivant de nos aieux, au grand domage entr'autres de tout le cartier de Souilac. La, terre, bois de fustaie, belle forest, prees et autres endroits de laquelle furent enfin couvertes, sinon englouties par ce grand corps humide, lequel, outre ce, mangeant peu a peu ce qui se treuvoit plus foible a ses eslancemans, separa partie d'icelle d'avec le continent dont il forma l'isle de Cordouan de deux lieues d'estendue, laquelle resta longtemps cultivée, batie et peuplée d'homes com auparavant, jusques a ce qu'avec le temps la mer eut consomé peu a peu tout le terrain jusques au pié d'une petite meschante tour qu'on a depuis nomé du nom de l'isle et peut estre de la seigneurie, la tour de Cordouan, qui n'eut jamais autre aparance que d'un simple edifice pour la demeure de quelque gentilhomme ou autre aisee persone, a ce qu'aucuns veulent maintenir contre beaucoup d'aparances neantmoins, et disent que le vulgaire qui ne juge que par les yeux du corps a prins occasion de croire que cette tour avoit d'un temps inmemorial esté bastie pour y eslever un fanal, aux fins de servir d'adresse et conduite

*Estat de mer sur les c[…] tes du pais Medoc et Bo[…] delois dez temps de l'e[…] pire rom[…] jusques à no[…]*

*Soullac q[…] si solis occ[…] sus.*

*Cordouan.*

*Car si les [...] lancemans la mer eusse[…] esté si fo[…] qu'aujourdu[…] elle n'eust du[…] trois mois v[…] sa foible [...] tofe.*

1. Les additions de la main de La Popelinière sont imprimées en italique.

a tous les mariniers qui se treuveroient a veue, batus de la tempeste, pour mieux entrer en la riviere de Bourdeaux, mais sa forme, du tout impropre a cela, la foiblesse de l'estoffe et l'incommodité du lieu qui la soustient doivent, maintiennent ilz avec ce que je viens de dire, despersuader un chacun de cet erreur populaire, car les vieilars du païs qui l'ont veu toute sur pié sans aucune lumiere, l'estoffe de ribots et petis cailotis nulemant cimentez, et la trop petite largeur de sa structure, qui n'est que de deux petis pieds, leur font descroire si legieres aprehensions, joint que si on en eust voulu assoir une pour fanal, on l'eust plus tost eslevé sur l'autre bout de l'isle, tirant a la grande mer, qu'a l'endroit ou elle regarde et s'aproche de terre ferme, outre ce que jamais on n'y avoit veu phar ou lumiere que depus 30 ou 40 ans[1] que les Bourdelois, solicitez par les mariniers de soustenir cete tour, puisque l'isle estoit perdue, aux fins de leur servir de veue et guide pour se garentir des Asnes et entrer plus seuremant en la riviere s'ilz ne vouloient perdre tout le trafic, obtindrent des roys defunts droit d'imposer somme d'argent sur chacune voile entrant en riviere pour entretenir l'œuvre qu'ils commencerent lors, non a dresser un fanal, ains seulement a l'entretien des deffences de cete tour contre les violentes secousses de l'Ocean, ce que les mariniers faisoient non tant pour avoir une adresse d'aucune lumiere qu'on y peust eslever que pour ne perdre la veue de la tour ou de la terre mesme, fors que d'un brouilas ou autre non veue ou d'une noire nuit que le feu y est propre, necessaire et coustumier, car, lorsque l'isle, qui contenoit deux bones lieues, estoit eslevee d'une pique sur l'eau, elle paroissoit assez a tous mareans, lesquelz, a ce conoissans qu'ilz estoient pres l'entree de la riviere, donoient dedans s'ilz se voioient assistez de la maree, sinon ilz mouloient l'ancre la prez ou ailleurs a sa veue, comme encor aujourduy, atendans la maree du jour, car ilz n'y entrent jamais de nuit[2], pour les dangers des sables que je vous

*Phar de Cordoan.*

1. Corrigés en « 50 ou 60 ans » par La Popelinière.

2. « La tour de Cordouan, plus d'une lieu avant dans ladicte grande mer, à main gauche; a la main droicte sont les pas des Asnes, et audict lieu rade des navires pour l'atente du temps, pour l'entree et ysseue des navires, ledict pas des Anes la couvrant et pas de Graves, qui sont a l'entree et emboucheure de ladicte grande mer oceane, demeurant quelques fois lesdicts navires a cause du mauvais temps plus de quinse jours devant ledict lieu de Cabens et Verdon. » État de la sirie de Lesparre, Bibl. nat., ms. fr. 5516, fol. 20. — Cabens est dit ailleurs (*ibid.*, fol. 18 v°) : « Un abort propre en toute heure et

ay representez tenir presque bout a bout de l'isle Cordouan, en forme de 4 ou 5 longues sablonieres blanchissantes plus ou moins que la mer freint et se joue dessus, lesquelles aucuns disent estre vray roc naturel, *autrefois isle ou continent de Sollac*, contre lequel les ondes se forment telles qu'elles rencontrent sa dureté, les autres que ce sont sables y amenez des longtemps *par les vents de la terre de Sollac, lesquels y ont jeté ce sable,* par la Garone, fort sabloneuse, et laissez la a la rencontre de la grand mer, qui luy soufre trainer ses arenes et autres inmondices, prez ou loing, selon la quantité des sablons dont elle tache se descharger et les avancer en bas le plus qu'elle peut en l'Ocean, apelez Asnes pour ce qu'ilz paroissent en forme de dos d'asne de long et eslevez en pointe qui blanchist quand la mer cesse de les descouvrir, *ou pour ce que la mer y bruit et jete un son raportant au bramer des asnes.*

*Asnes de Bourdeaux*

Somme que l'imposition qu'on a fait lever sur les marchans qui entrent en la riviere et passent a veue de Cordouan a doné l'une des sources a la conestablie de Bourdeaux, dont les roys se sont depuis saisiz pour subvenir a l'urgente necessité de leurs affaires, et comme le tribut estoit lors petit et le trafic s'est depuis eschaufé, voire acreu par toute la chretienté, l'imposition de Cordouan, de la coutume et autres, pour laquelle on establit un receveur qu'on nome comptable pour ce qu'il en doit tenir compte fidelle et un contreroleur depuis quelque temps pour l'esclairer a la reception des deniers, a monté enfin a 40 mil escuz par an. Et neantmoins l'entretenement de cette mechante tour n'en a pas continué, ains au rebours on la laisse batre de tant de flots sur flots *et tellement ruiner* qu'elle en est plus que demy mangee, *or qu'elle aie esté reparee a son pié vers le noroest par deux fois, notammant par le capitaine Poulain, dit baron de la Garde*[1]*, qui, selon sa charge, la revestit d'une assez forte muraile bien cimentee sous le roy Henry second, mais pource que les fondemans n'y estoient assez avant ny bien prins ny estofez comme il falloit, la mer esbranla tout a tant de fois qu'en fin, 1591, elle renversa tout cela et fit une grande ouverture a la tour mesme*

*Conestablie et autre impositions de Bourdeaux.*

toute saison, abry et havre pour les navires; » en 1592, il était « beaucoup gaigné par les sablons de la mer ». Son emplacement exact, voisin du Verdon, n'a pas encore été déterminé.

1. A. Escalin des Aimars, baron de la Garde, dit le capitaine Paulain, général des galères.

*que l'ingenieux de Fois fit soudain reparer, encor branla; elle* branle si fort qu'on n'atend que la cheute de ce qui luy reste, au grand domage de tout le païs, voire de toute la Guyene, laquelle comunique au profit qui vient de cete mer, et surtout des povres mariniers, lesquelz, agitez de la tempeste, ordinaire en ces cartiers, restans sans veue pour se guider entre tant de batures et escueils de mer, ne peuvent failir a naufrager et perdre miserablement avec les biens le corps et la vie, que ceux qui, a leur aise, hors des dangers et maitres de ce qu'ilz aportent, peuvent aisemant et a fort petis frais garentir de ces miseres *s'ils vouloient un peu fraier pour* les retirer de l'horible sepulture des ondes plus qu'effroiables de la grand mer.

*Des pais de Santonge tiant au nort de la Garone.*

Depuis la Dordogne et Bec d'Ambez vers la mer, tout est Santonge vers le nort, *ou sont les pais bourgeois de Blaiois*, bien que les Bourdelois tienent les villes et places sises sur la Garone pour gascones, d'autant qu'elles sont de la seneschaucee de Bourdeaux, ou elles resortissent, non en aucun siege de *Saintonge, mais la langue, habits et façons de vivre plus conformes au Santongeois les desmentent, joint qu'un* nouveau changement, avenu a une partie de quelque païs, ne doit et ne peut alterer l'estat et naturel de tout son corps, car la denomination des peuples se fait par la conformité des langues, habits, meurs et autres façons de vivre. Or ces cartiers ont de tous temps eu et ont encor ce jourd'huy toutes ces choses semblables au reste des Santongeois et *plus* contraires aux Gascons. C'est pourquoy la premiere division que les empereurs romains ont fait des peuples gaulois a esté celle mesme qu'ilz avoient gardé de tous temps jusques a Cesar, que les Celtes estoient divisez par la *Saone et Seine des Belges* et par la Garone des Aquitains qu'on a depuis nomé Gascons. Or les Santongeois estoient lors, comme toujours depuis sous nos roys, compris sous les Celtes. D'aileurs, quand Charles le Chauve

*Aquitaine.*

ou le Gros osta par force d'armes l'Aquitaine a Pepin et *Carloman*, qui s'en apelloient roys, il la remit en titre de duché pour relever de la coronne et luy dona ses fins et limites conformes a ce que dessus, comme aussi fit depuis le roy Loys onziesme, la donant en partage a son frere Charles, qui n'en jouit gueres. Ce desmembrement donc fait depuis 150 ans que le parlement de Bourdeaux fut erigé, pour acomoder la seneschaucee duquel autremant trop petite et ridicule on luy atribua ces places et leur ressort, ne peut faire changer le naturel de ce pais ny mesme le nom que l'ancieneté luy a conservé, encor qu'elles resortissent a Bourdeaux, non plus que d'autres cartiers de païs desmambrez de leur ancien corps pour quelque occasion particuliere, ne leur a peu faire perdre le nom primitif de leurs ancestres, joint que le gouverneur de Santonge se les est toujours vendiqué tant contre les gouverneurs de Guyene que contre les gouverneurs particuliers de chacune place, comme mesme aujourdhuy le s^r duc d'Espernon l'a bien montré a la prinse de Bourg et aux demandes qu'il a fait depuis au s^r de Lussan, gouverneur de Blaye.

### Païs de Medoc et coste de mer.

De Bourdeaux *on va a* Blanquefort, puis a S. Lorens, a Lesparre, vilete, a Sollac[1] *et de la* a la mer une lieue de la qui tire au sus *ou siroest* des la pointe du Verdon, qui a une ance, laquelle droit au nordest tire a Royan, et a leur entredeux se fait la conjonction de la mer et Gironde. A 3 lieues de la est Cordouan, 3 lieues distant egallemant des terres de Medoc et Santonge[2]. Au retour de Lesparre, laissant S. Laurens a gauche, passasmes par Castelnau que *une petite* jaille circuit sortans des palus prochains et s'embouchant a *Issan* en Gironde, puis laissans aussi a gauche Blanquefort, tour en pavilon circui de 4 tours en quarré, au sieur de Duras, comme Vilandro, *vinsmes a Bourdeaux, passans toujours par païs de landes et palus, laissans la coste a une lieue*[3], *qui est meileure terre, notammant*

*La mer Gironde se gnent ent Royan et Verdon.*

*Jailes s'ap lent tous pe ruisseaux q n'ont long ny continue source et perdent la pl part en esté.*

1. De Lesparre à Soulac, les voyageurs ont suivi la route actuelle, dite de Bordeaux à Verdon par Lesparre. Elle ne figure pas sur Cassini, il est vrai, mais, au XVI^e siècle, son tracé est indubitable : « Reprenant un peu plus hault le chemin de Soulac à Lesparre, partant dudict Sainct Vivian, ce rencontre la paroisse du Temple, qui peut avoir dix neuf feuz. Tirant le long dudict chemin vers Lesparre, qui sont de grandes eaues, et cinq ou six ponts, est la parroisse de Cairac, qui peut avoir cent vingt cinq feuz, pres de l'Escapon, qui sont aussi des grands abords des palus; et y a semblablement six ou sept pontz; distant dudict Soulac a Lesparre cinq grandes lieux. » État de la sirie de Lesparre, Bibl. nat., ms. fr. 5516, fol. 21.

2. Ces chiffres sont visiblement exagérés. Nous avons vu plus haut que les officiers de Lesparre plaçaient Cordouan à un peu plus d'une lieue de la côte (voir ci-dessus, p. 16, n. 2), ce qui s'accorde avec les distances modernes, cinq kilomètres environ du rocher Saint-Nicolas à la pointe sud de l'île.

3. La Popelinière commet ici une erreur, Saint-Laurent et Blanquefort étant situés à deux et trois lieues de la Gironde. A-t-il confondu la droite et la gauche? C'est peu probable, puisqu'il dit être passé par Castelnau. Une faute d'évaluation est beaucoup plus vraisemblable, et nous avons vu que La Popelinière est coutumier du fait.

*'aquau.*

*l'isle de Macau, que la Maqueline, petit bras de Gironde circuit, sur laquelle on peut mener petis vaisseaux.*

*arées de oan et de nde.*

Il y a double marée du noroest a gauche de Cordoan et siroest a droite par le pas de Grave, descouvert depuis vingt ans, ou navires de 3 a 400 toneaux lovoient pour entrer du sus en Gironde, et ces deux marees s'eslançans contre la tour de Cordoan s'y rencontrent et au dela vers la riviere a impetuosité.

*lles en- ies par la entre So- et Cor-*

*'edine.*

Entre Cordoan et la terre de Solac, au bas des grandes marines, on a treuvé par les pescheurs de monceaux de grandes pierres, marques de villes de Latran, des ruines abandonnees de laquelle les habitans bastirent plusieurs maisons a Solac et aileurs, les autres disent que c'est Medine. Solac, bourg, prieuré a [Mgr Gilles] de Noailes, evesque d'Acqx; cent escuz de ferme, le service fait; le s^r de Lesparre a les droits des marais salans et autres devoirs[1].

*'evers. ntagnes e sable.*

*sparre.*

S. Nicollas et autres paroisses se voient encore couvertes de sables que le noroest jete sur cete coste et les pousse avant en terre, si bien qu'il y a des forests couvertes (comme a la Teste de Busch), mesme de Lesparre[2], *apartenant* a M^r de Nevers, duquel la seigneurie de Lesparre de 6 mil l. de revenu en landes et bois[3], vaudroit 15 mil si les palus estoient assechez et les landes infeodees[4];

1. « Le bourg de Soulac, assiz sur un recoing, visant sur ladicte grande mer, lequel est limité de quatre croix pres dudict bourg, duquel le vol d'un chapon entreroit tousjours et de tous coustés dans la terre de Lesparre, ledict bourg estant et appartenant en tiltre de prieuré, qu'est de present, mil v^c nonante deux, monsieur d'Ax, dans lequel et non ailleurs il a haute, moienne et basse justice, et tous lesdits habitans d'icelluy qui ont bien assiz esdicts environs et paroisse dudict Talais sont, comme dict est, tenanciers de mesdicts seigneur et dame, tant esdictes salines que ailleurs. » État de la sirie de Lesparre, fol. 19.

2. « La rente des habitans de Soulac a diminué d'un tiers a cause que les sables ont couver, a force marche, prés, bois et autres lieux. » État de la sirie de Lesparre, fol. 80 v°. « Les sables la gaignent [la grande foretz du Mont] grandement de jour a autre, de sorte que la plus part des grandz arbres sont assablés, qui a faict dire a Vynet, historiegraffe, que les liebvres en Medoc gissoient sur les arbres, car souvant, a la chasse, on les leve du gitte sur lesdits arbres, et les renartz y font leurs tanieres. » Ibid., fol. 22 v°. « Au lieu de Lilhan, en ladicte terre, pres de la grand coste, que les sables toute fois ont couvert, et n'y a plus de maison. » Ibid., fol. 27 et 80.

3. Les chiffres donnés par l'État de la sirie sont de 7,822 livres pour l'année 1580, 5,322 pour 1581, etc. Ibid., fol. 46.

4. Les rédacteurs de l'État de la sirie de Lesparre insistent à plusieurs

il la laisse a 60 mil$^{cc}$ a M$^{r}$ de Matignon, acquereur de la Marque voesine, qui vaut 700$^{cc}$ de rente, et a Mons$^{r}$ d'Espernon, s$^{r}$ de Castelnau, qui en vaut dix mil, ou se tient M. de Candale, oncle de sa femme.

*La Marq*
*Castillo*

Lesparre fut renomé par Senebrun, des premiers affectionez aux Anglois, et son filz Florimond a fondé le college des Cordeliers[1], ou il est enterré, armé avec Phenix, sa femme. Apres sa mort, un de Montferrand s'en saisit[2] pour quelques droits par sa femme par 30 ans, mais declaré ennemy du roy Charles 7 et confisqué, cela fut doné a l'amiral de Bretigny, qui travaila a le conquerir. Mais ce Montferrand, decapité a Poitiers pour avoir par deux fois abandoné le party du roy, le s$^{r}$ d'Albret ou de Lautrec demanda cette terre, qui lui fut donée pour dix mil l. que le roy luy devoit, puis recompença ceux de Biron de 30 mil l. qu'ilz y pretendoient; et a depuis demeuré a la maison de Foix, en laquelle est entré par sa femme le duc de Nevers et la desire avoir le duc d'Espernon pour le voesinage.

*Senebru*
*Montferr qui depui la teste t chée a Poi et surnon Trahitre ; biens co qués.*
*Biron*
*Foix.*

Entre Lesparre et la riviere[3] y a un estanc qui tient 3 ou 4 lieues, ou force brochez, carpes, anguilles grosses et autres beaux poissons,

*Ville pe*
*Estan*

reprises sur la nécessité d'inféoder les landes et de dessécher les marais. Parmi ces derniers, les marais avoisinant Lesparre, « la grand pallu de Cairac », les préoccupaient surtout. Louis de Foix, disaient-ils, se faisait fort de les dessécher et d'y creuser un canal navigable par lequel les vaisseaux pourraient venir jusqu'au pied du château de Lesparre. Ibid., fol. 9 v° et 15. Plus au nord, les prairies de Talais avaient fait l'objet, en 1580-1581, de tentatives analogues, « mais un manant rompit les fossés d'une prise, et y a eu proces de querelle. » Ibid., fol. 16 v°.

1. « Pres dudict chasteau est ung couvent des Cordeliers sur l'oriant au midy sortant dudict chasteau a main droicte, dotté par les seigneurs de Lesparre d'emples et grandes pensions pour de belles fondations par eulx ordonnees. » Ibid., fol. 8-9.

2. « Et de faict ledict de Montferrand, en l'annee mil quatre cens cinquante six, sur la mynuyt, traversa avec poinssons des le fossé et eschella la muraille et surprint ledict chasteau... » Ibid., fol. 2 v°. — Les vicissitudes de la seigneurie de Lesparre sont racontées tout au long.

3. Lisez « mer ». C'est « le grand estang de Cartignac, admirable a la verité, lequel prend son commancement puis le lieu appellé le Peloux, finissant au lieu appellé Talaris..., les ungs disent contenir en longueur six lieues, les autres cinq et une grande lieu de largeur, auquel lieu les anciens disent y avoir eu une ville qui abisma, appellee Luserne... L'eaue duquel estaing, bien que proche et aboutissante ausd. sables, front et grand coste de ladicte mer et qui ne prend aucune eaue ou desgoust d'aucun lieu, et neantmoings claire et douce comme eaue de fontaine, sa proffondeur de plus de dix brasses et des endroictz, selon

*Eau coule sous terre.* *Sorciers.* mais de mauvais goust. Il ne s'escoul et dit on qu'il y a eu une ville, et les vestiges s'y treuvent de grandes pierres. Force sorciers on dit qu'il vient par veines de la mer sous les sables.

*Cordoan.* *Gironde.* *Asnes.* *Sables peut être petrifiez.* *Tour neuve de Cordoan.* La tour de Cordoan est nort et sus de Solac, est oest de Gironde, qui a 2 lieues d'emboucheure. L'isle a 3 lieues de circuit jusques au pas des Asnes, *lesquels, s'ils n'ont esté isle ou terre continente a Solac, depuis tranchés par la mer*, sont sables devenus rochers, faits par le temps de sables petrifiez par la pluie, y survenant le vent de nord nordest et la chaleur. *Il y a* autour force bancs de sable qui se changent par noroest et oest et rendent la navigation dangereuse sans le fanal. L'isle a 6 pieds de profond jusques au bon roc, y comprenant 2 de pierre crouste et 4 de argile et terre limoneuse, puis bon roc dans lequel la tour a fondemant de 2 piedz, puis 6 et de taluz 15 et le haut du massif du premier estage 40 et de largeur au dedans hors œuvre 20 pieds, de *diametre* 36 et de circonference 60, je croy. Le fondemant jusques au dessus du cordon de grosses pierres de Royan, mais le pont de l'ingenieux Jean[1] de Foix de Paris rompu[2] et les materiaux pris par ceux de Royan, 1586, par guerre contre les catholiques *et liguez*, fut contraint bastir le reste de pierre tiree de l'isle mesme, qui est jugee plus dure, mais non si belle d'aspect, ains rougeastre et galeuse *et petite*.

que dit, l'on ne peut trouver fons, pourtant batteau de deux tonneaux, pour le traffic des tables de pin et rousine qui se faict en la dicte grand forestz.

« Le poisson le plus frequand qui se pesche aud. estaing sont nombre grand de grands brochetz et de telles foison qu'ilz en pourvoient presque tout le Medoc et la ville de Bourdeaux. Quand aux carpes, elles sont des plus grandes que l'on sçauroit veoir et comme monstrueuses, mais elles sentent tellement la vaze que difficilement en peut l'on manger, et semble que transportees a ung autre estaing fait sur la pelouze et gravier seroient tres bonnes. » État de la sirie de Lesparre, fol. 22 v° et 23.

1. *Sic* pour Louis.

2. Ce pont ou échafaudage était reconstruit lors de la seconde visite du 15 septembre 1595 : « De la serions venus a un grand pont de boys nouvellement charpenté et dressé en montee depuis le bas jusques à la haulteur que la tour est elevée, afin de servir a y monter les materiaux pour la continuation de sa structure, ledit pont estant soustenu sur le millieu d'une pille de massonnerie de pierres de taille, et porte ladicte pille, en sa hautteur, trois toises et demy sur la largeur de dix pieds, et est ledict pont fortifié et arresté par en bas d'une autre pile, partie de massonnerie et partie de pierres seches, portant six pieds de haulteur sur la largeur de dix pieds. » Publ. par M. G. Labat, *loc. cit.*, p. 211.

## LA GARONE OU GIRONDE.

La Garonne tient prez de demie lieue devant Bourdeaux, d'ou elle s'eslargist toujours peu a peu de *quart de* lieues jusques a l'emboucheure ou elle a 2 lieues *de largeur* a Royan. Au dessous de Macaud y a une isle, la meileure terre de Medoc et Bourdelois, qui fait pointe en la riviere environee d'eau qu'on apelle la Maqueline, ou vaisseaux de 20 et 30 toneaux peuvent aller. *La riviere s'eslargist d'une lieue et demye, puis de trois entre S. Roman et Mortagne au dela, mais apres elle s'estrecist si qu'antre le Verdon et Royan n'a que deux lieues. Aprez le Macau, qui est par dela Blanquefort, Port Hault (?), Bachevelle, assez belle maison bastie par ce Mr de Candale lors de son partage, puis Poilac, apres Castilon et a 7 lieues de la le Verdun, elloyné d'une lieue de Solac, solis occasus, disent les Antiquitez de Bazas chez Bregeoneau de Bazas*[1]. Elle est douce a l'isle de Argenton, une lieue sous Blaye, et encor jusques a Poilac autre lieue pour l'abondance des eaux des rivieres en hyver.

*Macaud et Maqueline.*

*Solac, solis ocasus.*

*Isle d'Argenton est a un de Bourdeaux marchand.*

Vis a vis du Bec d'Ambez, pres de Bourg, y a l'isle de Casaux de ça *et au* dela laquelle se peut faire la navigation.

*Isle de Cazaux propre a un fort.*

A Blaye y a un petit esteys qui entre sous la ville pour retraite aux petis vaisseaux, *mais on* n'en sçauroit on faire un havre, car tout y est pierreux au fons et y a mauvaise rade devant Blaye de sus, siroest et oest. *Lussan y tient deux navires en guerre de cent et 6 vint tonneaux, l'un pris a Bourdon de Bourdeaux, marchand, l'autre a un Anglois, et un sien petit; ils y font demeurer une maree tous vaisseaux pour les visiter s'ils les soupçonent; le capitaine Carles Peignaire de Bourdeaux y commande et tous vaisseaux y paient deux escus pour ancrage, et depuis peu de jour dix sols.*

*Blaye.*

La riviere s'eslargist en terre a droite, descendant de Blaye.

La riviere aux grandes marees est repoussee jusques a la Reole et aux *communes* a deux lieues par deça, occasion qu'aux petites marees elles ne s'avance et n'a l'amertume de deux lieues moins qu'aux grandes marees.

1. Nous n'avons pu retrouver l'ouvrage auquel La Popelinière fait allusion. L'abbé Mezuret, dans *Notre-Dame de Soulac*, p. 88, a cité une chronique locale qui donne aussi cette étymologie fantaisiste.

*Soubernes de Gironde.*

Aux soubernes qui se font ordinairement en hyver, la riviere a plus de force de repousser le meslinge de la mer qu'elle ne s'avance tant en la terre sur la riviere. Les soubernes sont parfois si grosses que les vaisseaux de Bourdeaux ne tournent au temps de la maree, qui ne peut *gangner. Les vaisseaux tournent devant Bourdeaux et aileurs pour prester le devant droit a l'eau qui vient; car douce ou salee, c'est a dire soit au montant ou descendant de la maree, l'eau treuvant le gouvernail riere les vaisseaux done contre et fait tourner ainsi le corps du vaisseau, lequel mesme ne se remue en mer ni en toutes eaux que par ce timon ou gouvernail, lequel prend force de remuer le vaisseau de l'eau contre laquelle le pilote le tourne. Par ainsi, quand l'eau devant Bourdeaux a assez poussé le navire pour le faire tourner a demy, l'eau puis aprez done contre la moitié du corps du vaisseau qui luy sert d'assez forte prise pour le faire tourner entieremant jusques a ce que son bec ou pointe de devant soit droit a l'eau qui vient. Ce que plusieurs treuvent merveilleux pour ce qu'ils n'en cavent la raison ny les moiens par lesquels cela advient.*

*Du tourne- ant des na- res devant urdeaux et urquoy et co- ent ilz tour- nt tous et eux mesme urs pointes a au qui vient il bas soit ut.*

*Blaye.*

Blaye est chasteau fort sur rocher et ville forte a double muraile, 300 soldats la gardent sous Lussan, que la royne mere y mit au voyage de Charles 9 a Bayonne, force artillerie grosse et menue et de fer plus de cent tirees des Anglois, ausquelz on a toujours fait laisser le canon allant a Bourdeaux et le reprenoient en retournant, *mais il en a osté a plusieurs Anglois.* Sur roc mal aisé a escaler et bien flanqué par mer qui la lave *d'un costé d'oest, et* un boulevard neuf vers la mer au chasteau pour defendre cete avenue, et flanque tant la coste de mer que de terre jusques a l'autre boulevard qu'il a fait a la porte du chasteau pour defendre tout le reste *vers la terre de Santonge.*

*Jales le Medoc.*

La jaille de Blanquefort se va perdre en la Garonne au Macaut; il croist celle de Castelnau a Issan, port, celle de S. Maurens a [ ][1]. Ce sont coulans d'eau sortans des palus et marets sans source vive et de peu de longueur et duree, seche en esté.

*Arcasson.*

De Bourdeaux a la teste de Busch, dont Arcasson est l'entree fort estroite, et grand et beau havre, n'y a que 8 neuf lieues *tout landes.*

1. Mot en blanc.

De Blaye a Castilon n'y a que deux lieues de coste de Medoc, autrefois vilette bien fermee, ruinee, le chasteau *conservé demy*, bon a coup de main, sans fossé, mais eslevé en haut. C'estoit un havre ou les Anglois chargeoient fort et mesme les vins de la provision des roys et seigneurs. S. Christori, a un quart de lieue plus haut, *vilage de cent maison, fut basti de sa ruine, ce n'est plus qu'une* petite rade et bourgade pour les pescheurs et passagers. De la a Mortagne deux lieues et a Royan 5. *Castillon.*

Mascaret, comme a Nantes, sur le Pelerin, aux grandes marees, aux *petites non*, est plus grand sur la Seine *au* Havre, Roan et *Quilebeuf*, dangereux. C'est le premier flot et pointe de la maree venant en esté et en Dordogne, non gueres en Gironde, ou *je croy, a cause que l'eau y est plus* large, n'est si fort qu'en Dordogne, qui resserre l'aleure de la maree et rend ainsi son mouvement plus violent. *S'il rencontre un vaisseau de 15 ou vingt toneau (plus encor si moins), a la voile ou a l'ancre ou autrement, surpris, il le renversera sa quile en haut et fera tout perdre. Mais il est aisé d'y obvier, tant pour ce que les mariniers du païs sçavent les temps ausquels il est ordinaire que par la remarque de l'eau, qui change, s'enfle, bruit et se colore parfois a sa venue; puis comme tierce pervoiance est de ne luy doner prise, ains prester la pointe pour le fendre et faire passer outre.* *Mascaret d[e] la mer ez en[s] boucheman[s] des grosses r[i]vieres.*

*Le Bourdelois ne s'estend qu'une lieue sous Bourdeaux, ou Medoc commence, seulement recomandé pour la bonté des vins; tous clairets, fors les vins de palus, dela la riviere et deça, ceulx qui sont gros vins et les fruits gros mais peu savoureux. Assez de foings prez des eaux, n'ont graine qu'ils tirent d'Entre deux mer et haut païs, comme d'Agenois, bon païs en tout, surtout en vins blancs comme de Vians, mais ne descendent qu'aprez Noel et ne se vendent tant que de Grave. Les meileurs de Bourdelois blans sont ceux du Langon et de Toulaine; les clairs, ceux de Gradignan, d'Aubrion et Pelerin, prez Bourdeaux, un quart ou demi lieue, et les sait calculeux et mesme en sable dit Mad. la prem. presidente d'Asie [qui] y a treuvé du sable amoncelé; le meileur est celuy de Gradis, prez le Macau en Medoc.* *Bourdelois et son terroe[r].* *Vins de Bourdelois.*

Nogent-le-Rotrou, imprimerie DAUPELEY-GOUVERNEUR.

www.ingramcontent.com/pod-product-compliance
Ingram Content Group UK Ltd.
Pitfield, Milton Keynes, MK11 3LW, UK
UKHW021036220726
13924UKWH00001B/358

9 782019 965846